新 HSK（四级）
高分实战试卷
10

刘 云 主编

图书在版编目(CIP)数据

新 HSK(四级)高分实战试卷.10/ 刘云主编.—北京：北京大学出版社，2013.3
（北大版新 HSK 应试辅导丛书）
ISBN 978-7-301-21824-2

Ⅰ.①新… Ⅱ.①刘… Ⅲ.①汉语—对外汉语教学—水平考试—题解
Ⅳ.①H195-44

中国版本图书馆 CIP 数据核字(2012)第 311225 号

书　　　　名：	新 HSK(四级)高分实战试卷 10
著作责任者：	刘　云　主编
责 任 编 辑：	宋立文
标 准 书 号：	ISBN 978-7-301-21824-2/H · 3209
出 版 发 行：	北京大学出版社
地　　　　址：	北京市海淀区成府路 205 号　100871
网　　　　址：	http://www.pup.cn　新浪官方微博：@北京大学出版社
电 子 信 箱：	zpup@pup.pku.edu.cn
电　　　话：	邮购部 62752015　发行部 62750672　编辑部 62754144
	出版部 62754962
印　刷　者：	三河市博文印刷厂
经　销　者：	新华书店
	787 毫米×1092 毫米　16 开本　2.75 印张　56 千字
	2013 年 3 月第 1 版　2013 年 3 月第 1 次印刷
定　　　价：	10.00 元

未经许可，不得以任何方式复制或抄袭本书之部分或全部内容。

版权所有，侵权必究　举报电话：010 - 62752024
　　　　　　　　　　　电子信箱：fd@pup.pku.edu.cn

目　录

一、听　力 …………………………………………………………… 1

二、阅　读 …………………………………………………………… 6

三、书　写 …………………………………………………………… 14

答　案 ………………………………………………………………… 16

听力材料及听力部分题解 …………………………………………… 18

阅读部分题解 ………………………………………………………… 30

新汉语水平考试
HSK（四级）

注　意

一、HSK（四级）分三部分：

　　1. 听力（45题，约30分钟）

　　2. 阅读（40题，40分钟）

　　3. 书写（15题，25分钟）

二、听力结束后，有 5 分钟填写答题卡。

三、全部考试约 105 分钟（含考生填写个人信息时间 5 分钟）。

中国　北京　　　　　××××/×××××××　　　编制

一、听 力

(听力内容请登录http：//www.pup.cn/dl/newsmore.cfm?sSnom=d203 下载)

第一部分

第1—10题：判断对错。

例如：我想去办个信用卡，今天下午你有时间吗？陪我去一趟银行？

★ 他打算下午去银行。　　　　　　　　　　　　　（ √ ）

现在我很少看电视，其中一个原因是，广告太多了，不管什么时间，也不管什么节目，只要你打开电视，总能看到那么多的广告，浪费我的时间。

★ 他喜欢看电视广告。　　　　　　　　　　　　　（ × ）

1. ★ 中国南方地区的人爱吃辣的。　　　　　　　　　（　）

2. ★ 明天温度将会下降。　　　　　　　　　　　　　（　）

3. ★ 他找不到他的汉语词典了。　　　　　　　　　　（　）

4. ★ 这个暑假他准备去学弹钢琴。　　　　　　　　　（　）

5. ★ 小红下午想去动物园。　　　　　　　　　　　　（　）

6. ★ 客人今天不可以使用信用卡付钱。　　　　　　　（　）

7. ★ 他和妻子每年暑假都出去玩儿。　　　　　　　　（　）

8. ★ 他们正在过马路。　　　　　　　　　　　　　　（　）

9. ★ 他正在做广告。　　　　　　　　　　　　　　　（　）

10. ★ 小王是公司的经理。　　　　　　　　　　　　　（　）

第 二 部 分

第 11—25 题：请选出正确答案。

例如：女：该加油了，去机场的路上有加油站吗？
男：有，你放心吧。
问：男的主要是什么意思？

A 去机场　　　B 快到了　　　C 油是满的　　　D 有加油站 ✓

11. A 十分钟　　　B 二十分钟　　　C 二十五分钟　　　D 三十分钟

12. A 导游　　　B 演员　　　C 乘务员　　　D 售货员

13. A 回家　　　B 出差　　　C 看病　　　D 旅游

14. A 很诚实　　　B 脾气好　　　C 很有钱　　　D 帮助别人

15. A 艺术　　　B 数学　　　C 法律　　　D 经济

16. A 妈妈　　　B 爸爸　　　C 女的　　　D 朋友

17. A 怕长胖　　　B 讨厌吃饺子　　　C 已经吃饱了　　　D 觉得味道不好

18. A 宾馆　　　B 饭店　　　C 医院　　　D 公司

19. A 女的睡着了　　　B 男的很想睡觉　　　C 男的爱看球赛　　　D 比赛两点半结束

20. A 生气　　　B 兴奋　　　C 感动　　　D 着急

21. A 记者　　　B 老师　　　C 作家　　　D 服务员

22. A 母子　　　　　B 夫妻　　　　　C 同事　　　　　D 邻居

23. A 火车站　　　　B 汽车站　　　　C 地铁站　　　　D 公交车站

24. A 天气很冷　　　B 温差很大　　　C 空气干燥　　　D 晚上气温高

25. A 睡过了　　　　B 天气不好　　　C 自行车坏了　　D 公交车人太多

第 三 部 分

第 26—45 题：请选出正确答案。

例如：男：把这个文件复印五份，一会儿拿到会议室发给大家。
　　　女：好的。会议是下午三点吗？
　　　男：改了。三点半，推迟了半个小时。
　　　女：好，602会议室没变吧？
　　　男：对，没变。
　　　问：会议几点开始？
　　　A 两点　　　　B 3点　　　　C 3：30 ✓　　　　D 6点

26. A 招聘　　　　B 开会　　　　C 吃饭　　　　D 出差

27. A 老师　　　　B 记者　　　　C 学生　　　　D 售货员

28. A 一向很粗心　B 昨晚没休息　C 工作出错了　D 是公司经理

29. A 八点　　　　B 七点　　　　C 七点半　　　　D 八点半

30. A 感冒了　　　B 住院了　　　C 想要请假　　　D 不想上班

31. A 去接儿子　　B 观看演出　　C 人多堵车　　　D 参加活动

32. A 家里　　　　B 公司里　　　C 火车站　　　　D 公交车站

33. A 很流行　　　B 不打折　　　C 质量不好　　　D 颜色不好看

34. A 不努力　　　B 很粗心　　　C 没休息好　　　D 试题太难

— 4 —

35. A 价格高　　　　B 会降价　　　　C 很新鲜　　　　D 比肉贵

36. A 饮食　　　　　B 艺术　　　　　C 运动　　　　　D 瘦身

37. A 多运动　　　　B 多喝水　　　　C 吃水果　　　　D 吃减肥药

38. A 很饿　　　　　B 是学生　　　　C 很怕冷　　　　D 经常早起

39. A 上班　　　　　B 锻炼　　　　　C 找人　　　　　D 吃早饭

40. A 很乐观　　　　B 行为文明　　　C 只考虑自己　　D 不喜欢学习

41. A 学校　　　　　B 家里　　　　　C 社会　　　　　D 朋友

42. A 通知　　　　　B 小说　　　　　C 新闻　　　　　D 会议材料

43. A 快要过期　　　B 品种不全　　　C 质量不合格　　D 房子租期快到了

44. A 休息　　　　　B 吃饭　　　　　C 见经理　　　　D 谈生意

45. A 公司　　　　　B 饭店　　　　　C 车里　　　　　D 机场

二、阅 读

第一部分

第46—50题：选词填空。

　　　　A 出差　　B 丰富　　C 丢　　D 坚持　　E 方向　　F 大概

例如：她每天都（ D ）走路上下班，所以身体一直很不错。

46. 乘坐开往杭州（　　）的K1120次列车的旅客请注意，现在开始检票。

47. 这个星期我得去青岛（　　），你要好好照顾自己。

48. 西红柿中的营养十分（　　），我们平常应该多吃一些。

49. 别着急，你（　　）的钱包里有多少钱？有重要证件吗？

50. 她迟到了半个小时，（　　）是路上堵车了吧。

第51—55题：选词填空。

　　A 数量　　B 商量　　C 温度　　D 通过　　E 节目　　F 即使

例如：A：今天真冷啊，好像白天最高（ C ）才2℃。
　　　B：刚才电视里说明天更冷。

51. A：这里总共有多少条毛巾？
　　B：我刚才数了箱子的（　　），十箱，每箱十条，一共一百条。

52. A：你的计算机考试（　　）了吗？
　　B：当然，我还是第一名呢！

53. A：明天学校的家长会你和老陈谁去啊？
　　B：还不知道呢，我今晚回去和他（　　）一下。

54. A：你最喜欢的电视（　　）是什么？
　　B：我喜欢《人与自然》，体育方面的也不错。

55. A：明天我们还去不去看演出？
　　B：去！（　　）下雨了，我们也要去。

第 二 部 分

第56—65题：排列顺序。

例如：A 可是今天起晚了

B 平时我骑自行车上下班

C 所以就打车来公司　　　　　　　　　　　　B A C

56. A 所以我们不仅要常喝水

    B 还要经常使用有保湿作用的护肤品

    C 秋天天气比较干　　　　　　　　　　　_____

57. A 别人也会关心他的

    B 一个人真诚地关心别人

    C 我从个人的经验中发现这样一个道理　　_____

58. A 所以我们很喜欢和他交朋友

    B 这个人不仅成绩优秀，知识丰富

    C 而且为人真诚勇敢　　　　　　　　　　_____

59. A 他遇到问题就问个为什么

    B 慢慢养成了喜欢提问题的好习惯

    C 从那天以后　　　　　　　　　　　　　_____

60. A 他都首先认真做完作业

    B 每天放学回家

    C 然后帮妈妈做家务　　　　　　　　　　_____

61. A 今天再去的时候已经被别人买走了
    B 上次钱没带够
    C 所以当时没有买那只小熊   _____

62. A 今年的雨水太多
    B 所以西瓜一点儿都不甜
    C 但是吃的人可真不少   _____

63. A 我们还是减少使用次数吧
    B 虽然塑料袋很方便
    C 但是它严重污染环境   _____

64. A 所以同学们都喜欢来这里学习
    B 还有很多图书
    C 图书馆很安静   _____

65. A 这种洗发水正在做活动
    B 商家再免费送一瓶
    C 买两瓶洗发水   _____

第三部分

第66—85题：请选出正确答案。

例如：她很活泼，说话很有趣，总能给我们带来快乐，我们都很喜欢和她在一起。

★ 她是个什么样的人？

A 幽默 √　　　　B 马虎　　　　C 骄傲　　　　D 害羞

66. 这个暑假，父母打算带我去西湖游玩儿。他们认为那儿水甜人好环境美，并且路费也便宜。但是我想去西安旅游，因为我有个好朋友在那儿上学，我们已经有两年没见面了。

★ 我为什么想去西安旅游？

A 玩儿的地方多　　B 想见朋友　　C 路费不贵　　D 小吃很有名

67. 一个人的心情很重要。心情好的时候，人的身体就好；心情坏的时候，人就容易得病。所以，我们一定要保持愉快的心情。

★ 这段话主要是谈心情与什么的关系？

A 健康　　　　B 工作　　　　C 学习　　　　D 环境

68. 考试结果终于出来了。其他同学都考了七百多分，基本上都能上好大学，而我只考了六百分，估计上不了理想的大学了。

★ 我的心情怎么样？

A 激动　　　　B 愉快　　　　C 幸福　　　　D 伤心

69. 下个月哥哥就要考研究生了，这段时间爸爸比他还要紧张，总是想问问他的学习情况，又怕给他带来压力。

★ 哥哥：

A 不紧张　　　　B 有压力　　　　C 是研究生　　　　D 在准备考试

70. 我每天下午值班的时候，总要去护理之家的各个房间看看，和每个房间的病人聊上几句，同时观察一下他们的病情。

    ★ 我是什么人？

    A 护士　　　　　B 病人　　　　　C 经理　　　　　D 管理员

71. 天一中学虽然离我家比较远，接送孩子不方便，但是天一中学的教学水平确实很不一般，所以我一定要让孩子到天一中学上学。

    ★ 我为什么要让孩子到天一中学上学？

    A 离家近　　　　B 接送方便　　　C 老师有爱心　　D 教学质量高

72. 说话也得讲究点儿艺术，同样的意思从不同人的嘴里说出来，效果是绝对不同的。同样一句话，不同的说话方法意思也会有所不同。

    ★ 这段话主要是谈论说话的：

    A 对象　　　　　B 场合　　　　　C 技巧　　　　　D 内容

73. 如果你想使自己的生活更舒适一些，你就得比别人具有更突出的本事，这样才能够用它去换取你所需要的东西。

    ★ "它"是指：

    A 生活　　　　　B 特长　　　　　C 健康　　　　　D 舒适

74. 有些人在紧张或累时不自觉地想吸烟以得到休息或放松，但实际上吸烟会使人心跳加快，与人休息时的情况正好相反。

    ★ 吸烟会使人：

    A 冷静　　　　　B 害羞　　　　　C 马虎　　　　　D 紧张

75. 很多人喜欢喝酒，但是却不懂怎么喝酒。其实喝酒如同吃饭和饮水一样，有很多的讲究和学问。适量喝酒对睡觉有好处，但是长期过量地喝酒则会使人睡不着觉。

    ★ 根据这段话，可以知道什么？

    A 要多喝水　　　B 要喝好酒　　　C 喝酒要讲科学　D 吃饭很有讲究

76. 现在到处都是广告，电视上、报纸杂志上甚至广播里都有许多广告。一定的广告是可以的，但过多的广告会影响节目或报纸杂志的质量。

★ 这段话主要是谈论：

A 广告多的缺点　　B 节目不精彩　　C 电视很普遍　　D 报纸质量不高

77. 昨晚在迎宾大道上发生了一起交通事故，造成了严重的堵车。她到家都快凌晨了，所以今天工作时感觉特别困。

★ 她感觉困的原因是：

A 受伤了　　　　　B 没休息好　　　C 长时间堵车　　D 开车时间长

78. 长江，亚洲第一长河，西起青藏高原唐古拉山，东到大海，全长6397千米，水量是世界第三，总面积180多万平方公里，约占全国总面积的1/5，和黄河一起被叫做母亲河。

★ 长江：

A 西起大海　　　　B 面积很大　　　C 世界第一长河　D 水量亚洲第三

79. 亲爱的朋友，在这样一个安静的夜晚，你会想到什么？你会想谁？请把你的祝福或是你想说的话发送过来，我们会通过播音传送你的祝福。

★ 这段话可能出现在哪里？

A 电视里　　　　　B 电影里　　　　C 广播里　　　　D 日记中

80—81.

要把我们身边每一个人的名字都记住并不是一件容易的事。但是，记住别人的名字往往会给人际交往带来很多便利，因为记住他人的名字就是尊重别人。有很多人不记得他人的名字，只因为不愿意花必要的时间和精力去专心地把这些名字记在他们的心中。他们为自己找出借口：工作太忙了。

★ 记住别人的名字：

A 很无聊　　　　　B 很容易　　　　C 就能成功　　　D 有利于交际

★ 为什么有些人记不住别人的名字？
  A 不想去记   B 记性不好   C 没有时间   D 精力不够

82—83.
  无论是去外地出差还是开会，我总是要往书店里跑，没有什么特别的目的，就是爱在那里站一下，然后拿起一本书随便翻翻而已。有一次出差，进了一家书店。这家书店的书很多，但店员却让人很不满意，你问她什么，她都不爱理你。最气人的还是书都不打折，我本来是要买上几本的，但最后只好算了。

★ 书店的店员：
  A 不热情   B 很爱书   C 比较冷静   D 没听到他说话

★ 我为什么没有买书？
  A 书很旧   B 没有带钱   C 书不便宜   D 没有喜欢的

84—85.
  小王家里经济条件不好。一天下班后，他对经理说："以后我每天下班后加班三小时，可以吗？"经理答应了。几年间，他都坚持每天多工作三个小时，多赚了很多钱，积累了很多经验。多年后经理听说小王自己开了家公司，觉得他很了不起，同时也非常吃惊地发现，那几年他比其他人多工作了几千个小时！

★ 小王为什么要求加班？
  A 不想回家   B 学习技术   C 可以多赚钱   D 让母亲高兴

★ 经理吃惊是因为小王：
  A 想赚很多钱   B 喜欢加班   C 自己开公司   D 工作时间长

三、书　写

第一部分

第86—95题：完成句子。

例如：那座桥　　800年的　　历史　　有　　了

　　<u>那座桥有800年的历史了。</u>

86. 材料　　打印　　把这份　　请　　出来

87. 去　　坐火车　　上海了　　他　　昨天

88. 特别　　那年的　　寒冷　　我记得　　冬天

89. 把房子　　租　　他　　出去了

90. 在商店里　　卖得　　很好　　这种手机

91. 在十二点　　结束　　刚好　　电影　　这场

92. 半小时　　飞机　　以后　　就要　　起飞了

93. 不知道　　他　　应该　　下车　　在哪儿

94. 我们　　衣服　　很干净　　被　　洗得

95. 这个　　表扬　　护士　　值得　　大家

第二部分

第96—100题：看图，用词造句。

例如：  乒乓球　他很喜欢打乒乓球。

96.  凉快　97.  整理

98.  回忆　99.  海洋

100.  改变

答 案

一、听 力

第一部分

1. ×   2. √   3. √   4. ×   5. ×
6. √   7. ×   8. √   9. √   10. ×

第二部分

11. C   12. B   13. D   14. D   15. C
16. A   17. A   18. C   19. C   20. A
21. C   22. B   23. A   24. B   25. B

第三部分

26. B   27. B   28. C   29. C   30. C
31. C   32. D   33. A   34. B   35. A
36. D   37. D   38. B   39. B   40. C
41. B   42. A   43. D   44. A   45. C

二、阅 读

第一部分

46. E   47. A   48. B   49. C   50. F
51. A   52. D   53. B   54. E   55. F

第二部分

56. CAB   57. CBA   58. BCA   59. CAB   60. BAC
61. BCA   62. ABC   63. BCA   64. CBA   65. ACB

第三部分

66. B   67. A   68. D   69. D   70. A
71. D   72. C   73. B   74. D   75. C
76. A   77. B   78. B   79. C   80. D
81. A   82. A   83. C   84. C   85. D

— 16 —

三、书 写

第一部分

86. 请把这份材料打印出来。
87. 他昨天坐火车去上海了。
88. 我记得那年的冬天特别寒冷。
89. 他把房子租出去了。
90. 这种手机在商店里卖得很好。
91. 这场电影刚好在十二点结束。
92. 飞机半小时以后就要起飞了。
    /半小时以后,飞机就要起飞了。
93. 他不知道应该在哪儿下车。
94. 衣服被我们洗得很干净。
95. 这个护士值得大家表扬。

第二部分

(参考答案)

96. 这里有风,很凉快。
    /夏天,每个人都想找一个凉快的地方休息。
97. 每天早上,她都要为客人整理房间。
    /这个房间很干净,不需要再整理了。
98. 人老了经常会回忆起以前经历过的事情。
    /老人看着远方,好像在回忆着年轻时的故事。
99. 海洋中的小船一定要找对方向,才能到达目的地。
    /小船航行在无边的海洋中。
100. 经理说我们的第一个计划不是很好,希望我们再做些改变。
    /一个人要想有所改变,就要放弃一些以前的习惯。

听力材料及听力部分题解

（音乐，30秒，渐弱）

大家好！欢迎参加 HSK（四级）考试。
大家好！欢迎参加 HSK（四级）考试。
大家好！欢迎参加 HSK（四级）考试。

HSK（四级）听力考试分三部分，共 45 题。
请大家注意，听力考试现在开始。

第一部分

一共 10 个题，每题听一次。

例如：我想去办个信用卡，今天下午你有时间吗？陪我去一趟银行？
★ 他打算下午去银行。

现在我很少看电视，其中一个原因是，广告太多了，不管什么时间，也不管什么节目，只要你打开电视，总能看到那么多的广告，浪费我的时间。
★ 他喜欢看电视广告。

现在开始第 1 题：

1.
> 总的来说，中国北方地区的人口味较重，爱吃辣的和咸的食物；南方地区的人则相反，不爱吃辣的食物。
> ★ 中国南方地区的人爱吃辣的。
> （×）

【题解】根据"中国北方地区的人口味较重，爱吃辣的和咸的食物"这句话可以知道，喜欢吃辣的是北方人，而不是南方人，因此这道题是错误的。

2.
> 从明天开始，有冷空气将进入我国北方大部分地区，请大家做好各种准备。
> ★ 明天温度将会下降。（√）

【题解】从"有冷空气将进入我国北方

大部分地区"这句话可以知道，冷空气来了，天气就会变冷了，气温就该下降了，因此这道题是正确的。

3.

> 你看见我的汉语词典了吗？昨天我好像放在我的书桌上了。
> ★ 他找不到他的汉语词典了。（√）

【题解】根据听力材料可以知道，他正在找他的汉语词典，也就是说他现在找不到他的汉语词典了，因此这道题是正确的。

4.

> 又快放暑假了，这个暑假，我到底是去学游泳呢，还是去学弹钢琴呢？我得好好考虑一下。
> ★ 这个暑假他准备去学弹钢琴。（×）

【题解】从"我到底是去学游泳呢，还是去学弹钢琴呢？我得好好考虑一下"这句话可以知道，他还没有决定这个暑假要做什么，所以这道题是错误的。考生在听录音的时候，要注意分清已然未然。

5.

> 今天下午我想到动物园对面的那家商店去买几件衣服，小红，你如果有空的话，咱们一起去吧。
> ★ 小红下午想去动物园。（×）

【题解】根据"今天下午我想到动物园对面的那家商店去买几件衣服"这句话可以知道，说话人下午想去商店买衣服，商店在动物园对面，她想去的是商店而不是动物园。说话人想让小红跟她一起去，但小红是否想去录音中没提到，因此这道题是错误的。

6.

> 对不起，先生，今天本店刷卡机暂停使用，恐怕您得用现金付钱了。给您带来的麻烦请见谅。
> ★ 客人今天不可以使用信用卡付钱。（√）

【题解】从"今天本店刷卡机暂停使用，恐怕您得用现金付钱了"这句话可以知道，今天客人不能使用信用卡，只能使用现金，因此这道题是正确的。

7.

　　以前总是因为工作太忙，我和妻子从来没有一起出去旅游过。今年暑假我们准备去泰国好好玩儿几天！
　★ 他和妻子每年暑假都出去玩儿。（✗）

【题解】根据"我和妻子从来没有一起出去旅游过"这句话可以知道，他和妻子以前没有出去玩儿过，因此这道题是错误的。

8.

　　慢点儿慢点儿，前面是红灯。来，拉着我的手，等一会儿我们一起过去。
　★ 他们正在过马路。（✓）

【题解】根据听力材料中的"前面是红灯""等一会儿我们一起过去"等信息可以知道，他们应该是在过马路，因此这道题是正确的。

9.

　　欢迎大家试用我们的新牙膏，我们公司的这种新牙膏里有来自海洋深处的海洋盐，其美白效果非常好。
　★ 他正在做广告。（✓）

【题解】从"欢迎大家试用我们的新牙膏"和"其美白效果非常好"这两句可以知道，他正在为新牙膏做宣传、做广告，因此这道题是正确的。

10.

　　小王，祝贺你啊，由于这次网站的工作你做得十分出色，经理说要给你发奖金呢。
　★ 小王是公司的经理。（✗）

【题解】根据"经理说要给你发奖金呢"这句话可以知道，小王不是经理，因此这道题是错误的。

第 二 部 分

一共15个题，每题听一次。

例如：女：该加油了，去机场的路上有加油站吗？
　　　男：有，你放心吧。
　　　问：男的主要是什么意思？

现在开始第11题：

11.

男：快点儿吧，还有十五分钟就八点了。
女：没事，讲座开始时间推迟了，八点十分才开始呢。
问：多少分钟后讲座开始？

A 十分钟　　　　B 二十分钟
C 二十五分钟　D 三十分钟

【题解】根据"还有十五分钟就八点了"这句话可以知道，现在时间是七点四十五分，而讲座是八点十分开始，也就是说现在离讲座开始还有二十五分钟。正确答案是C。

12.

男：这次国庆长假，我们去北京见见老同学吧！
女：不行啊，我是越放假越忙，国庆七天假，几乎每一天都有演出。
问：女的可能是做什么的？

A 导游　　　　　**B 演员**
C 乘务员　　　　D 售货员

【题解】根据"几乎每一天都有演出"这句话可以知道，女的很有可能是一名演员。正确答案是B。

13.

女：听说你已经申请到了公司的欧洲十日游了？祝贺你！
男：谢谢！我明天就动身。你想要什么礼物？
问：男的准备去干什么？

A 回家　B 出差　C 看病　**D 旅游**

【题解】根据女的的话可以知道，男的可以去欧洲旅游了，而男的说他明天就动身，也就是说他明天就出发去欧洲旅游。正确答案是D。

14.

男：王强真是了不起，听说他这几年做生意赚了很多钱。
女：是的，他还拿出很大一部分去帮助那些经济有困难的人，所以大家都很尊重他。
问：王强为什么获得了尊重？

A 很诚实　　　　B 脾气好
C 很有钱　　　　**D 帮助别人**

【题解】根据"他还拿出很大一部分去帮助那些经济有困难的人，所以大家都很尊重他"这句话可以知道，王强受大家尊重的原因是他拿自己的钱去帮助别人。正确答案是D。

15.

女：小王，这方面的问题我不太懂，不过我哥哥是律师，你可以去问他。
男：谢谢，那你把他的电话号码给我。
问：小王想了解哪方面的问题？

A 艺术　B 数学　**C 法律**　D 经济

【题解】从"不过我哥哥是律师，你可以去问他"这句话可以知道，小王想问的问题与律师的工作有关，应该是法律方面的问题。正确答案是C。

16.

女：怎么突然想起买花了？要送谁啊？
男：今天是母亲节，你不会忘了吧？快去买礼物吧！
问：男的买花送给谁？

A 妈妈　B 爸爸　C 女的　D 朋友

【题解】根据听力材料可以知道，女的问男的买花的目的，男的回答说"今天是母亲节"，也就是说男的买花是为了送给妈妈。正确答案是A。

17.

男：这个饭店的饺子味道很不错，各种口味的都有，你尝尝吧！
女：谢谢，不用了，我正在减肥。
问：女的为什么不吃饺子？

A 怕长胖　B 讨厌吃饺子
C 已经吃饱了　D 觉得味道不好

【题解】根据女的的话"我正在减肥"，可以知道，她不吃饺子是怕长胖，而不是其他的原因。正确答案是A。

18.

男：请问，今天下午送来的一位病人，姓孙，住在几号房间？
女：505号房间。请往左走乘电梯。
问：男的最有可能在哪儿？

A 宾馆　B 饭店　**C 医院**　D 公司

【题解】根据"今天下午送来的一位病人，姓孙，住在几号房间"这句话可以知道，男的现在应该是在医院，他要去看这位姓孙的病人。正确答案是C。

19.

女：你怎么还不睡觉？都凌晨一点半了！
男：等会儿，比赛还有20分钟就结束了，现在正踢到关键的时候，2比2！
问：根据对话，可以知道什么？

A 女的睡着了
B 男的很想睡觉
C 男的爱看球赛
D 比赛两点半结束

【题解】根据对话可以知道，男的凌晨一点半不睡觉是为了看球赛，这说明他很喜欢看球赛。正确答案是C。再根据"比赛还有20分钟就结束了"，可以知道比赛是一点五十结束，所以D项不正确，而B项没有涉及。

20.

男：明明是妹妹的错，可是妈妈竟然让我给她道歉！
女：你是哥哥，应该让着妹妹。妹妹还小，不懂事，你要谅解你妈妈。
问：男的是什么语气？

A 生气　B 兴奋　C 感动　D 着急

【题解】根据男的的话"明明是妹妹的错，可是妈妈竟然让我给她道歉"可以知道，他认为自己没有错但还要道歉，所以现在心情不好，有点儿生气。正确答案是A。

21.

男：作为一位成功的爱情故事写作专家，您有没有考虑过往新的写作方向发展？
女：当然有这种想法。事实上，我已经开始尝试了。
问：女的可能是做什么的？

A 记者　B 老师　**C 作家**　D 服务员

【题解】这可能是采访中的一段话，男的说女的是"爱情故事写作专家"，并问"有没有考虑过往新的写作方向发展"，女的回答说她已经开始尝试了。说明女的是一位作家。正确答案是C。

22.

女：今天我要加班，可能回来得比较晚，我做了饭放在冰箱里，你和孩子吃的时候记得热一下。
男：知道了，你放心吧。
问：他们最可能是什么关系？

A 母子　**B 夫妻**　C 同事　D 邻居

【题解】根据"我做了饭放在冰箱里，你和孩子吃的时候记得热一下"这句话和他们说话的语气可以知道，他们应该是夫妻关系。正确答案是B。

23.

男：从这儿到火车站怎么走？
女：从这儿直走200米你就能看到一个汽车站，汽车站对面就是。你要是坐公交车的话一站就到了。
问：男的想要去哪里？

A 火车站　　B 汽车站
C 地铁站　　D 公交车站

【题解】根据男的的话"从这儿到火车站怎么走"可以知道，他想要去火车站。正确答案是A。

24.

男：北方的秋天温度差别很大，中午最高气温达到三十度，而早晨和晚上却只有十几度。
女：是啊，我都不知道该穿什么衣服了。
问：关于北方的秋天，可知道什么？

A 天气很冷　　**B 温差很大**
C 空气很干　　D 晚上气温高

【题解】录音中说"北方的秋天温度差别很大"，后面具体说了早晚和中午的温度差别。正确答案是B。

25.

男：你怎么又迟到了？这个月你已经是第三次迟到了。
女：对不起经理，下雪了路不好走，不能骑自行车，公交车又堵车，所以才迟到的。
问：女的为什么迟到？

A 睡过了　　　**B 天气不好**
C 自行车坏了　D 公交车人太多

【题解】根据女的的话"下雪了路不好走，不能骑自行车，公交车又堵车"可以知道，她今天迟到是因为下雪，天气不好。正确答案是B。

第 三 部 分

一共20个题，每题听一次。

例如：男：把这个文件复印五份，一会儿拿到会议室发给大家。
　　　女：好的。会议是下午三点吗？
　　　男：改了。三点半，推迟了半个小时。
　　　女：好，602会议室没变吧？
　　　男：对，没变。
　　　问：会议几点开始？

现在开始第26题：

26.

男：会议材料都准备齐了吗？明天就要用了。

女：您放心，就差一份传真了，马上就可以发过来。
男：发过来之后，把会议材料按人数复印一下，放在会议室。

女：好的，我知道了。
问：明天他们要做什么？

A 招聘　**B 开会**　C 吃饭　D 出差

【题解】通过录音可以知道，他们现在正在为明天的会议准备材料，也就是说明天他们要开会。正确答案是B。

27.

男：这是我刚买的一个音乐盒，准备放在办公桌上，工作累了就听听音乐放松一下。
女：我也有一个，是我同事去外地采访新闻时带给我的。
男：你的音乐盒质量怎么样？
女：听了一年了，从来没有出过问题。
问：女的最可能是做什么的？

A 老师　**B 记者**　C 学生　D 售货员

【题解】根据"是我同事去外地采访新闻时带给我的"这句话可以知道，女的同事是做新闻工作的，女的应该也做这一类工作，也就是说她可能是一名记者。正确答案是B。

28.

男：我真粗心，不但没有把数据算正确，而且把原始数据也改错了！

女：你一向很细心的，不是个马虎的人，怎么会出现这样的错误呢？
男：可能是昨晚睡得太晚，没有休息好的原因。
女：不要太自责了，以后一定要注意。
问：关于男的，可以知道什么？

A 一向很粗心　　B 昨晚没休息
C 工作出错了　D 是公司经理

【题解】根据听力材料可以知道，男的因为没休息好把数据算错了，所以很自责，但女的安慰说他一向都很细心，下回小心点儿就可以了。正确答案是C。

29.

男：我有两张今晚8点的京剧票，要一起去看吗？
女：好啊，在哪个剧院？
男：大众剧院，中山路的那个。
女：我们怎么见面？
男：就在剧院门口吧，提前半个小时见。
问：他们约好几点见面？

A 八点　　　　　B 七点
C 七点半　　　D 八点半

【题解】通过听力材料可以知道，京剧是八点开始，他们要提前半个小时见面，也就是说他们约好七点半见面。正确答案是C。

25

30.

女：我今天不能去上班了，麻烦你帮我向经理请个假吧。
男：身体不舒服？感冒了吗？
女：不是的。我妈妈住院了，我得到医院去照顾她。
男：那你好好陪着你妈妈吧，我会帮你请假的。
问：关于女的，可以知道什么？

A 感冒了　　　　B 住院了
C 想要请假　　D 不想上班

【题解】根据听力材料可以知道，女的妈妈生病住院了，她想要请假去医院照顾妈妈。正确答案是C。

31.

女：你们怎么还没出发？
男：急什么，离演出时间还早着呢！
女：体育馆今天晚上有活动，等活动结束的时候人肯定很多，你和儿子还是早点儿出发吧，我怕会堵车。
男：那好吧，我们现在就出发。
问：为什么要早点儿出发？

A 去接儿子　　　B 观看演出
C 人多堵车　　D 参加活动

【题解】根据"人肯定很多，你和儿子还是早点儿出发吧，我怕会堵车"这句话可以知道，他们是怕人多堵车，所以才早出发。正确答案是C。

32.

女：真奇怪，怎么下雨了？电视上说今天没有雨的。
男：这里天气变化很快，说下雨就下雨。
女：是呀，真希望公交车可以快点儿来。
男：再等等吧，应该很快就会来的。
问：他们最可能在哪儿？

A 家里　　　　　B 公司里
C 火车站　　　　**D 公交车站**

【题解】根据女的的话"真希望公交车可以快点儿来"和男的的话"再等等吧，应该很快就会来的"可以知道，他们现在应该是在公交车站等车。正确答案是D。

33.

女：这个沙发真漂亮。多少钱？
男：我们正在做活动，打折，比平时便宜了一千块。
女：那质量也"打折"吗？
男：您放心，质量肯定不"打折"，这种沙发是今年最流行的，有很多种颜色可以选择。
问：关于这种沙发，可以知道什么？

A 很流行　　　B 不打折
C 质量不好　　　D 颜色不好看

【题解】根据听力材料可以知道，这种沙

— 26 —

发价格在打折，但质量还是很好的，有很多种颜色，今年很流行。正确答案是A。

34.

> 男：你昨天考试考得怎么样？
> 女：不太好，刚刚及格。
> 男：你学习应该更努力一点儿，下次才能考得好一些。
> 女：我已经很努力了，但是有几个题目忘记做了。
> 问：女的为什么没有考好？

A 不努力　　　　**B 很粗心**
C 没休息好　　　D 试题太难

【题解】根据女的的话"我已经很努力了，但是有几个题目忘记做了"可以知道，她这次没有考好，并不是因为她学习不努力，而是因为她粗心忘记了做该做的题目。正确答案是B。

35.

> 女：今年的青菜可真贵啊。
> 男：是啊，比去年贵了许多。
> 女：不知道以后会不会降价？
> 男：应该不会吧，由于今年很多地方气温不太正常，给种菜带来很大困难，所以青菜供不应求。
> 问：关于今年的青菜，可以知道什么？

A 价格高　　　　B 会降价
C 很新鲜　　　　D 比肉贵

【题解】根据"今年的青菜可真贵啊"这句话可以知道，今年的青菜价格很高。正确答案是A。

第36到37题是根据下面一段话：

> 关于减肥，我认为首先还是要运动起来，运动减肥才是健康的。我不太支持女孩儿吃减肥药和不吃饭，比如几天内只吃水果或只喝一点儿水。这样确实会很快瘦下来，但是饮食一正常马上就会反弹。

36. 说话人介绍了哪方面的知识？

A 饮食　B 艺术　C 运动　**D 瘦身**

【题解】从第一句话"关于减肥，我认为首先还是要运动起来，运动减肥才是健康的"可以知道，这段话主要讲的是关于瘦身减肥的。正确答案是D。

37. 根据这段话，说话人反对什么？

A 多运动　　　　B 多喝水
C 吃水果　　　　**D 吃减肥药**

【题解】根据"我不太支持女孩儿吃减肥药和不吃饭"这句话可以知道，说话人反对吃减肥药减肥，所以这道题的正确答案是D。

第 38 到 39 题是根据下面一段话：

> 北京冬天的早上天气很冷。我六点多走出房门的时候天还很黑。我准备去广场跑步。许多同学房间的灯已经开了。我走在路上，不时见几个跑步的同学从我身边跑过，鼻子也闻到了从饭馆儿散发出来的香气。

38．关于说话人，可以知道什么？

　　A 很饿　　　　**B 是学生**

　　C 很怕冷　　　D 经常早起

【题解】根据"许多同学房间的灯已经开了"和"不时见几个跑步的同学从我身边跑过"可以知道，"我"称别的学生"同学"，应该也是学生中的一员。正确答案是 B。

39．说话人准备去做什么？

　　A 上班　**B 锻炼**　C 找人　D 吃早饭

【题解】通过"我准备去广场跑步"这句话可以知道，说话人准备去跑步锻炼身体。正确答案是 B。

第 40 到 41 题是根据下面一段话：

> 研究表明，现在很多家里都只有一个孩子，这些孩子的言谈举止很容易伤害别人。因为在家里有很多人都围着他们，为他们做任何事情，所以他们认为自己就是中心，不会从别人的角度考虑，不会顾及别人的感受。

40．关于这些孩子，可以知道什么？

　　A 很乐观　　　　B 行为文明

　　C 只考虑自己　D 不喜欢学习

【题解】从"他们认为自己就是中心，所以不会从别人的角度考虑，不会顾及别人的感受"这句话可以知道，这些孩子的言行都是从自己的角度出发，只考虑自己，不考虑他人。正确答案是 C。

41．这些孩子容易伤害别人的原因来自于哪里？

A 学校　**B 家里**　C 社会　D 朋友

【题解】根据"因为在家里有很多人都围着他们，为他们做任何事情"这句话可以知道，因为家人的宠爱才导致他们认为自己就是中心，不会从别人的角度考虑，不会顾及别人的感受。他们伤害别人的原因来自于家里。正确答案是 B。

第 42 到 43 题是根据下面一段话：

> 由于房子快要到期，本店商品降价处理，所有商品都打六折。本店商品品种齐全，价格便宜，质量好，服务优，欢迎广大顾客前来选购。活动期限是本月 10 号到 20 号。

42. 这段话最有可能是什么?

A 通知　　　　B 小说

C 新闻　　　　D 会议材料

【题解】根据"欢迎广大顾客前来选购"这句话可以知道,这段话应该是一段广告语,通知大家前来购买商品。正确答案是A。

43. 商品为什么要降价处理?

A 快要过期　　　B 品种不全

C 质量不合格　　**D 房子租期快到了**

【题解】从"由于房子快要到期,本店商品降价处理,所有商品都打六折"这句话可以知道,商品降价处理是因为房子要到期了。正确答案是D。

第44到45题是根据下面一段话:

> 您的住处我们已经为您安排好了。到饭店以后,您先休息一下,中午我们一起吃午饭。下午四点以前没有安排什么活动,如果您愿意,我陪您到市里去观光,看看我们这座城市。五点钟,我们总经理和您见面。晚上,总经理邀请您吃晚饭。我们再过二十分钟就到饭店了,您在车里先休息一会儿吧。

44. 客人到饭店后会先做什么?

A 休息　　　　B 吃饭

C 见经理　　　　D 谈生意

【题解】从"到饭店以后,您先休息一下"这句话中可以知道,客人到了饭店会先休息。正确答案是A。

45. 说话人可能在哪里?

A 公司　　B 饭店　　**C 车里**　　D 机场

【题解】通过"我们再过二十分钟就到饭店了,您在车里先休息一会儿吧"这句话可以知道,他们现在应该是在车里。正确答案是C。

听力考试现在结束。

阅读部分题解

第一部分

第46—50题：选词填空。

A 出差　　B 丰富　　C 丢　　D 坚持　　E 方向　　F 大概

46.

> 乘坐开往杭州（E 方向）的K1120次列车的旅客请注意，现在开始检票。

【题解】这道题考查学生的是一个固定搭配，即"开往……方向"。列车是往杭州开的，选项中只有"方向"可以加在地点名词后，与"往"搭配，构成"开往杭州方向"。正确答案是E。

47.

> 这个星期我得去青岛（A 出差），你要好好照顾自己。

【题解】根据这句话的意思可以知道，这个星期"我"应该是要离开，让"你"自己好好照顾自己，所以这一空应该填一个和"我"要离开这里去青岛做事相关的词语，"出差"就是离开所在地到其他地方暂时工作的意思。正确答案是A。

48.

> 西红柿中的营养十分（B 丰富），我们平常应该多吃一些。

【题解】从这句话的结构看，这里缺少一个形容词，"十分＋形容词"的用法很常见，主要是为了说明这个形容词的程度，选项中的形容词只有"丰富"，因此这一空应该填B。考生也可以根据这句话的意思得出答案。我们应该多吃西红柿是因为西红柿中的营养成分多，"丰富"就是多的意思。正确答案是B。

49.

> 别着急，你（C 丢）的钱包里有多少钱？有重要证件吗？

【题解】从"别着急"这句话可以知道，应该是发生了什么使人烦恼的事情，再根据"钱包里有多少钱？有重要证件吗"可以知道，对方应该是丢了钱包。正确答案是C。

50.

> 她迟到了半个小时,（F 大概）是路上堵车了吧。

【题解】从这句话的结构上看,这里应该是缺少一个表示猜测的副词,而选项中表示猜测的只有"大概",是可能、也许的意思。正确答案是F。

第51—55题：选词填空。

　　A 数量　　B 商量　　C 温度　　D 通过　　E 节目　　F 即使

51.

> A：这里总共有多少条毛巾？
> B：我刚才数了箱子的（A 数量）,十箱,每箱十条,一共一百条。

【题解】根据对话的意思可以知道,这里应该填一个概括"十箱,每箱十条,一共一百条"这句话的名词。选项中的名词"数量"即指事物的多少。正确答案是A。

52.

> A：你的计算机考试（D 通过）了吗？
> B：当然,我还是第一名呢！

【题解】根据句子的结构可以知道,这里缺少一个动词,再根据B的回答可以知道,A问的是他的计算机考试结果是过了还是没有过,因此这里应该填"通过"。正确答案是D。

53.

> A：明天学校的家长会你和老陈谁去啊？
> B：还不知道呢,我今晚回去和他（B 商量）一下。

【题解】根据对话的意思可以知道,B想回家和丈夫谈谈明天谁去参加孩子的家长会,选项中可以表示"谈谈"的意思的动词只有"商量"。正确答案是B。

54.

> A：你最喜欢的电视（E 节目）是什么？
> B：我喜欢《人与自然》,体育方面的也不错。

【题解】从B的回答可以知道,他最喜欢《人与自然》,而《人与自然》在电视中是属于一个电视节目,所以考生可以反向推测出这里应该填"节目"。正确答案是E。

55.

> A：明天我们还去不去看演出？
> B：去！（F 即使）下雨了，我们也要去。

【题解】根据句子的结构可以知道，这里缺少一个表示假设的连词，再根据对话的意思，B 是想说如果明天下雨了，他们也要去看演出，选项中表示假设的连词只有"即使"。正确答案是 F。

第 二 部 分

第 56—65 题：排列顺序。

56.

> A 所以我们不仅要常喝水
> B 还要经常使用有保湿作用的护肤品
> C 秋天天气比较干

【题解】C 项是整个句子的前提条件，应该放在句首；再通过"不仅……还……"可以知道，A 项应该放在 B 项的前面。正确顺序是 CAB。

57.

> A 别人也会关心他的
> B 一个人真诚地关心别人
> C 我从个人的经验中发现这样一个道理

【题解】C 项引出整个句子的话题，应该放在句首；而 A 项中的"他"指的是 B 项中的"一个人"，所以 A 项应该放在 B 项的后面。正确顺序是 CBA。

58.

> A 所以我们很喜欢和他交朋友
> B 这个人不仅成绩优秀，知识丰富
> C 而且为人真诚勇敢

【题解】根据"不仅……而且……"可以知道，B 项应该放在 C 项的前面；而 A 项是整个句子的结果，应该放在句尾。正确顺序是 BCA。

59.

> A 他遇到问题就问个为什么
> B 慢慢养成了喜欢提问题的好习惯
> C 从那天以后

【题解】C 项是整个句子的时间前提，应该放在句首；A 项是 B 项的原因，应该放在 B 项前面。正确顺序是 CAB。

60.

A 他都首先认真做完作业
B 每天放学回家
C 然后帮妈妈做家务

【题解】根据"首先……然后……"可以知道，A 项应该放在 C 项前面；而 B 项是整个句子的时间前提，应该放在句首。正确顺序是 BAC。

61.

A 今天再去的时候已经被别人买走了
B 上次钱没带够
C 所以当时没有买那只小熊

【题解】B 项是 C 项当时没有买小熊的原因，应该放在 C 项前面；再根据时间可以推理出今天发生的事应该放在以前发生的事的后面。正确顺序是 BCA。

62.

A 今年的雨水太多
B 所以西瓜一点儿都不甜
C 但是吃的人可真不少

【题解】A 项是 B 项的原因，应该放在 B 项前面；C 项是对 B 项西瓜不甜吃的人应该很少的转折，应该放在 B 项后面。正确顺序是 ABC。

63.

A 我们还是减少使用次数吧
B 虽然塑料袋很方便
C 但是它严重污染环境

【题解】根据"虽然……但是……"可以知道，B 项应该放在 C 项前面；而 A 项是对 C 项塑料袋污染环境采取的措施，应该放在 C 项后面。正确顺序是 BCA。

64.

A 所以同学们都喜欢来这里学习
B 还有很多图书
C 图书馆很安静

【题解】BC 两项是 A 项同学们喜欢来这里学习的原因，所以应该放在 A 项前面；再根据 B 项的"还有"可以知道，C 项应该放在 B 项前面。正确顺序是 CBA。

65.

A 这种洗发水正在做活动
B 商家再免费送一瓶
C 买两瓶洗发水

【题解】A 项引出整个句子的话题，应该放在句首；C 项是 B 项中商家免费送一瓶的条件，应该放在 B 项前面。正确顺序是 ACB。

第 三 部 分

第66—85题：请选出正确答案。

66.

这个暑假，父母打算带我去西湖游玩儿。他们认为那儿水甜人好环境美，并且路费也便宜。但是我想去西安旅游，因为我有个好朋友在那儿上学，我们已经有两年没见面了。

★ 我为什么想去西安旅游？

　A 玩儿的地方多　　**B 想见朋友**
　C 路费不贵　　　　D 小吃很有名

【题解】从"因为我有个好朋友在那儿上学，我们已经有两年没见面了"这句话可以知道，"我"想去西安主要是想去看看好朋友。正确答案是B。

67.

一个人的心情很重要。心情好的时候，人的身体就好；心情坏的时候，人就容易得病。所以，我们一定要保持愉快的心情。

★ 这段话主要是谈心情与什么的关系？

　A 健康　B 工作　C 学习　D 环境

【题解】根据这段话可以知道，心情好时人身体也好，心情坏时，人容易生病，也就是说这段话主要在讲心情与健康的关系。正确答案是A。

68.

考试结果终于出来了。其他同学都考了七百多分，基本上都能上好大学，而我只考了六百分，估计上不了理想的大学了。

★ 我的心情怎么样？

　A 激动　B 愉快　C 幸福　**D 伤心**

【题解】通过这段话可以知道，其他同学成绩很好，而"我只考了六百分，估计上不了我理想的大学了"，所以"我"现在的心情很低落，很伤心。正确答案是D。

69.

下个月哥哥就要考研究生了，这段时间爸爸比他还要紧张，总是想问问他的学习情况，又怕给他带来压力。

★ 哥哥：

　A 不紧张　　　　B 有压力
　C 是研究生　　　**D 在准备考试**

【题解】根据"下个月哥哥就要考研究生了"这句话可以知道，哥哥现在正在准备研究生考试。正确答案是D。

70.

> 我每天下午值班的时候，总要去护理之家的各个房间看看，和每个房间的病人聊上几句，同时观察一下他们的病情。

★ 我是什么人？

A 护士　B 病人　C 经理　D 管理员

【题解】"我"值班的任务是看病人并观察他们的病情，这样的工作是由医生或护士来做的。正确答案是A。

71.

> 天一中学虽然离我家比较远，接送孩子不方便，但是天一中学的教学水平确实很不一般，所以我一定要让孩子到天一中学上学。

★ 我为什么要让孩子到天一中学上学？

　A 离家近　　　　B 接送方便
　C 老师有爱心　　**D 教学质量高**

【题解】通过"但是天一中学的教学水平确实很不一般"这句话可以知道，"我"让孩子去天一中学上学主要是因为那里的教学水平高。正确答案是D。

72.

> 说话也得讲究点儿艺术，同样的意思从不同人的嘴里说出来，效果是绝对不同的。同样一句话，不同的说话方法意思也会有所不同。

★ 这段话主要是谈论说话的：

A 对象　B 场合　**C 技巧**　D 内容

【题解】根据"说话也得讲究点儿艺术"这句话可以知道，说话也需要思考，不同的人可以把相同的意思表达出不同的效果，同一句话用不同的表达方法意思也会不同，也就是说说话是有技巧的。正确答案是C。

73.

> 如果你想使自己的生活更舒适一些，你就得比别人具有更突出的本事，这样才能够用它去换取你所需要的东西。

★ "它"是指：

A 生活　**B 特长**　C 健康　D 舒适

【题解】这类题型考生可以把选项都带到题中去，再从中找出答案。能让你生活更美好的是你"更突出的本事"，也就是你比其他人优秀的地方，即你的特长。正确答案是B。

74.

> 有些人在紧张或累时不自觉地想吸烟以得到休息或放松，但实际上吸烟会使人心跳加快，与人休息时的情况正好相反。

★ 吸烟会使人：

A 冷静　B 害羞　C 马虎　**D 紧张**

【题解】根据"吸烟会使人心跳加快，与人休息时的情况正好相反"这句话可以知道，吸烟会使人心跳加快，这会让人更加紧张。正确答案是D。

75.

> 很多人喜欢喝酒，但是却不懂怎么喝酒。其实喝酒如同吃饭和饮水一样，有很多的讲究和学问。适量喝酒对睡觉有好处，但是长期过量地喝酒则会使人睡不着觉。

★ 根据这段话，可以知道什么？

A 要多喝水　　B 要喝好酒
C 喝酒要讲科学　D 吃饭很有讲究

【题解】根据"喝酒如同吃饭和饮水一样，有很多的讲究和学问"这句话可以知道，喝酒也是有学问的，科学饮酒对身体是有好处的。正确答案是C。

76.

> 现在到处都是广告，电视上、报纸杂志上甚至广播里都有许多广告。一定的广告是可以的，但过多的广告会影响节目或报纸杂志的质量。

★ 这段话主要是谈论：

A 广告多的缺点　B 节目不精彩
C 电视很普遍　　D 报纸质量不高

【题解】这段话主要在谈过多的广告会影响电视、广播节目及报纸杂志的质量，也就是说这段话主要在讲广告过多带来的坏处。正确答案是A。

77.

> 昨晚在迎宾大道上发生了一起交通事故，造成了严重的堵车。她到家都快凌晨了，所以今天工作时感觉特别困。

★ 她感觉困的原因是：

A 受伤了　　　**B 没休息好**
C 长时间堵车　D 开车时间长

【题解】根据这段话可以知道，由于堵车，她凌晨才到家，没休息好，所以今天特别困。正确答案是B。

78.

> 长江,亚洲第一长河,西起青藏高原唐古拉山,东到大海,全长 6397 千米,水量是世界第三,总面积 180 多万平方公里,约占全国总面积的 1/5,和黄河一起被叫做母亲河。

★ 长江:

　A 西起大海　　　**B 面积很大**
　C 世界第一长河　D 水量亚洲第三

【题解】这是一道细节题,考生可以通过寻找细节得出答案。总面积达到 180 多万平方公里,占全国总面积的 1/5。正确答案是 B。

79.

> 亲爱的朋友,在这样一个安静的夜晚,你会想到什么?你会想谁?请把你的祝福或是你想说的话发送过来,我们会通过播音传送你的祝福。

★ 这段话可能出现在哪里?

　A 电视里　　　B 电影里
　C 广播里　　D 日记中

【题解】通过"请把你的祝福或是你想说的话发送过来,我们会通过播音传送你的祝福"这句话可以知道这段话应该是一段广播。正确答案是 C。

80—81.

> 要把我们身边每一个人的名字都记住并不是一件容易的事。但是,记住别人的名字往往会给人际交往带来很多便利,因为记住他人的名字就是尊重别人。有很多人不记得他人的名字,只因为不愿意花必要的时间和精力去专心地把这些名字记在他们的心中。他们为自己找出借口:工作太忙了。

★ 记住别人的名字:

　A 很无聊　　　　B 很容易
　C 就能成功　　　**D 有利于交际**

【题解】根据"记住别人的名字往往会给人际交往带来很多便利,因为记住他人的名字就是尊重别人"这句话可以知道,记住别人的名字会有利于人际的交往。正确答案是 D。

★ 为什么有些人记不住别人的名字?

　A 不想去记　　B 记性不好
　C 没有时间　　　D 精力不够

【题解】通过"只因为不愿意花必要的时间和精力去专心地把这些名字记在他们的心中"这句话可以知道,有些人记不住别人的名字是因为他们不想花费时间和精力去记。正确答案是 A。

82—83.

　　无论是去外地出差还是开会，我总是要往书店里跑，没有什么特别的目的，就是爱在那里站一下，然后拿起一本书随便翻翻而已。有一次出差，进了一家书店。这家书店的书很多，但店员却让人很不满意，你问她什么，她都不爱理你。最气人的还是书都不打折，我本来是要买上几本的，但最后只好算了。

★ 书店的店员：

A 不热情　　B 很爱书

C 比较冷静　　D 没听到他说话

【题解】根据"店员却让人很不满意，你问她什么，她都不爱理你"这句话可以知道，这家书店的店员对顾客不热情。正确答案是A。

★ 我为什么没有买书？

A 书很旧　　　B 没有带钱

C 书不便宜　D 没有喜欢的

【题解】根据"最气人的还是书都不打折，我本来是要买上几本的，但最后只好算了"这句话，可以知道"我"没有买书主要是因为书店的书不打折。正确答案是C。

84—85.

　　小王家里经济条件不好。一天下班后，他对经理说："以后我每天下班后加班三小时，可以吗？"经理答应了。几年间，他都坚持每天多工作三个小时，多赚了很多钱，积累了很多经验。多年后经理听说小王自己开了家公司，觉得他很了不起，同时也非常吃惊地发现，那几年他比其他人多工作了几千个小时！

★ 小王为什么要求加班？

A 不想回家　　B 学习技术

C 可以多赚钱　D 让母亲高兴

【题解】从"他都坚持每天多工作三个小时，多赚了很多钱，积累了很多经验"这句话中可以知道，小王加班是为了多赚钱。正确答案是C。

★ 经理吃惊是因为小王：

A 想赚很多钱　　B 喜欢加班

C 自己开公司　　**D 工作时间长**

【题解】根据"同时也非常吃惊地发现，那几年他比其他人多工作了几千个小时"这句话可以知道，让经理吃惊的是小王通过加班比别人工作时间长很多。正确答案是D。